LE
DÉSARMEMENT PROGRESSIF

Utopie aujourd'hui, réalité demain

PAR

EUTHYS

PREMIÈRE PARTIE

L'Europe militaire actuelle. — Nécessité d'un désarmement partiel.
Marche à suivre, etc.

Prix : **60** centimes

PARIS

GUILLAUMIN et Cⁱᵉ, LIBRAIRES

Éditeurs du Journal des Économistes de la Collection des principaux économistes,
du Dictionnaire de l'Économie politique,
du Dictionnaire universel du Commerce et de la Navigation, etc.
14, RUE RICHELIEU, 14
ET CHEZ TOUS LES LIBRAIRES

1880

LE
DÉSARMEMENT PROGRESSIF

Utopie aujourd'hui, réalité demain.

PAR

EUTHYS

PREMIÈRE PARTIE

L'Europe militaire actuelle. — Nécessité d'un désarmement partiel.
Marche à suivre, etc.

PARIS

GUILLAUMIN ET Cie, LIBRAIRES

Éditeurs du Journal des Économistes de la Collection des principaux économistes,
du Dictionnaire de l'Économie politique,
du Dictionnaire universel du Commerce et de la Navigation, etc.
14, RUE RICHELIEU, 14
Et tous les Libraires

1880

AVANT-PROPOS

Oui, nous venons hardiment jeter notre point d'interrogation au milieu des questions non résolues qui, depuis si longtemps, préoccupent l'opinion publique, non seulement en France, mais partout où existe une presse périodique ayant quelque influence.

Les encouragements que nous pourrons recevoir pour propager quelques aperçus nouveaux nous consolent d'avance de la force d'inertie qui entrave presque toujours la mise en pratique des meilleures idées.

Mais, qu'importe? Tout ce qu'il y a de force vive au sein d'une nation dont chaque membre exerce une parcelle de souveraineté, tout ce qu'il y a de généreux en France doit s'appliquer à hâter l'heure où se réaliseront nos rêves les plus chers. La paix universelle! voilà le cri de ralliement que nous proposons après d'illustres penseurs, à la presse, à tous les échos autorisés de l'opinion publique.

Certes, il n'y a point d'illusion possible; notre humanité se complaira pendant des siècles encore dans les œuvres d'extermination et de folie, elle qui s'attribue si naïvement palmes sur palmes, qui se dit essentiellement bonne et portée au vrai, au beau et au bien.

Ainsi, tout en redoublant d'efforts pour amener — dans un avenir lointain — la fin des guerres et des ruines, descendons des nues au plus vite, de peur de compromettre, par de stériles souhaits, ce qu'il y a de réellement praticable dans l'ensemble des vues que nous allons exposer. Bornons-nous donc tout d'abord à n'envisager qu'une partie de la question, celle où tous reconnaîtront qu'il y a quelque chose à faire.

Il s'agit d'en venir à la réduction des effectifs monstrueux de nos armées permanentes. Je vois d'ici glisser sur les lèvres de plus d'un lecteur une légère contraction que je traduis par ce mot : scepticisme. Il faut, pourtant se décider, sceptiques ou non, à faire table rase de ses préventions involontaires, de ses doutes plus ou moins fondés, pour étudier consciencieusement la question, comme *si chacun de nous détenait personnellement un pouvoir effectif.*

Le lecteur voudra bien, en conséquence, s'ingénier de son mieux pour s'identifier avec la personnalité de quelque homme d'Etat en évidence, de manière que cette fiction toute platonique et inoffensive lui permette de s'intéresser directement aux propositions d'un autre homme d'Etat, qui sera, si vous le voulez, l'auteur de ces lignes, en ne perdant pas de vue qu'il s'agit toujours d'un rôle *platonique et fictif.* Dieu nous garde d'en briguer davantage ! La roche Tarpéïenne est si près du Capitole !...

DÉSARMEMENT PROGRESSIF

CHAPITRE PREMIER

L'EUROPE MILITAIRE ACTUELLE

Allemagne. — A tout seigneur tout honneur! De toutes les puissances européennes, l'Allemagne est malheureusement la première sous le rapport de l'organisation militaire; elle en a du moins la réputation depuis dix ans, et nulle autre nation n'a pu lui disputer cette suprématie dès le jour où a sombré momentanément la France.

Sans relâche, aussitôt après la fatale guerre de 1870, l'Allemagne a poursuivi son œuvre d'organisation et de préparatifs, au point qu'aujourd'hui elle serait en état, en moins de huit jours, d'assurer la défense de ses frontières, même contre deux grandes puissances agissant simultanément. Récemment encore, elle a accru d'une manière sensible son effectif normal, et cela en mettant en avant les forces actuelles de la France; malgré les embarras intérieurs qui pèsent aussi bien sur l'Allemagne que sur presque toute l'Europe, M. de Bismark n'avait pas eu de peine à faire vibrer la corde sensible et à enlever le vote dont il avait besoin.

Dans notre exposé, nous ne tiendrons pas compte des changements survenus en dernier lieu, afin d'avoir des données que nous considérons comme celles de l'état normal.

L'armée permanente de l'Allemagne est dans le rapport de 1 0/0 avec le chiffre de la population, laquelle est aujourd'hui de 40,000,000 ; il y a donc, sur le pied de paix ordinaire, 400,000 hommes sous les armes, disséminés sur le territoire de l'empire, plus grand, d'un centième, que celui de la République française. Tous les Etats de l'empire fournissent leur contingent respectif, mais l'hégémonie militaire appartient à la Prusse, depuis la guerre de 1866, au lendemain même de Sadowa. On sait quels premiers déboires nous attendaient au début de la guerre de 1870, quand on apprit les liens secrets qui mettaient à la remorque de la Prusse les petits Etats de l'Allemagne du Sud, sur la neutralité et même les bons offices desquels s'était plu à compter le gouvernement impérial français.

Dans le chiffre de 400,000 hommes ne sont compris ni les officiers, ni les auxiliaires ou employés. Chaque homme coûte annuellement à l'Etat 255 thalers.

La durée du service actif est de trois ans, de vingt à vingt-trois.

La réserve de l'armée permanente comprend, pour quatre nouvelles années, de vingt-trois à vingt-sept ans, ceux qui ont servi activement et ceux qui, pour une cause quelconque, avaient été, par anticipation, libérés du service actif.

Les troupes de campagne comprenant, en cas de mobilisation outre l'armée permanente, 320,000 hommes environ de la réserve, donnent un effectif immédiatement disponible de plus de 700,000 hommes entièrement instruits.

En outre, dans le même cas de mobilisation, on constitue sur-le-champ les troupes dites de remplacement, de manière à opposer toujours à l'ennemi, à la fin comme au début de la campagne, des éléments complets et bien encadrés. Environ 400,000 hommes font partie de ces troupes de remplacement, qui servent à combler les vides au fur et à mesure qu'ils se produisent, et cela avec des renforts solides et aussi bien préparés qu'il est possible. Remarquons, en passant, quelle supériorité doit résulter de ce chef pour l'armée allemande, et aussi combien était erronée l'affirmation des naïfs répétant, en 1870, que l'organisation de l'armée prussienne se prêtait exclusivement à des efforts de courte durée. Il est donc utile dès maintenant de prendre bonne note de cette particularité du système en vigueur au-delà des Vosges.

Pendant cinq années, c'est-à-dire de vingt-sept à trente-deux ans, les hommes restant disponibles font partie de la landwehr ou *armée territoriale;* l'objet de cette dernière est de remplacer dans les garnisons les troupes qui tiennent la campagne. Mais il n'y a rien d'absolu, et, en cas de besoin, des régiments de landwehr peuvent être appelés à opérer de concert avec l'armée active, principalement pour l'attaque et la défense des places.

Enfin, la landsturm, ou levée en masse, comprend, le cas échéant, tout ce qui reste d'hommes en état de porter les armes, de dix-sept à quarante-deux ans. En résumé, l'Allemagne peut mettre sur le pied de guerre, dans l'espace de quelques jours, une armée d'un million et demi d'hommes pouvant entrer en campagne au moins aussi promptement que n'importe quelle autre armée européenne. Elle peut, en outre, pour la défense de son propre territoire, armer encore un million et demi d'hommes valides; mais, on le comprend, ce n'est là qu'une évaluation approximative, et, d'ailleurs, trois millions de soldats à entretenir, ce serait pour l'Allemagne une charge écrasante qu'elle ne saurait longtemps supporter.

Pour parer à toute éventualité, ou pour mieux choisir son heure et frapper à l'improviste un coup décisif, le chancelier de l'empire s'est ménagé une utile ressource (comme prélèvement sur nos cinq milliards) devant constituer une réserve dite *Trésor de guerre,* se montant à environ 200 millions de thalers.

Ainsi, du jour au lendemain, quand bon semblera au cabinet de Berlin, cette formidable machine se mettrait en mouvement avec une précision de nature à imposer de sérieuses réflexions. Mais aussi, tenons compte de ce fait indéniable, que les Allemands eux-mêmes supportent avec une résignation forcée les lourdes obligations qui résultent pour eux de cet état de choses. Qui sait? Peut-être nous devanceront-ils dans la voie où les peuples auraient dû entrer depuis longtemps.

Le premier désarmement partiel, comme nous le prouverons, serait pour l'Allemagne une économie de 40 millions de thalers par an.

Autriche-Hongrie. — Cet Etat appartient par sa constitution spéciale à une catégorie qui ne correspond plus à celle des autres pays de l'Europe. Le système de dualisme qui en est la base actuelle, donne, pour la monarchie des Hapsbourgs, deux groupes parfaitement distincts et autonomes, autant qu'ils peuvent l'être sans cesser d'assurer la défense de leurs frontières communes. D'une part, ce sont les provinces dites cisleithanes, en deçà de la Leitha, par rapport à l'Allemagne ; de l'autre, les provinces au delà de cette rivière, ou transleithanes. Cette organisation toute particulière remonte à 1868, époque à laquelle, par suite de la dissolution de la Confédération germanique, se transforma l'antique absolutisme du régime impérial en gouvernement constitutionnel.

Parallèlement à cette création du dualisme politique, on a constitué un double ministère pour la défense du pays, à Vienne et à Pesth, de sorte qu'à chacun des deux groupes politiques correspond un ministère particulier. Quant aux services se rattachant exclusivement au pied de paix et à la marine, leur fonctionnement est du ressort du ministère de la guerre, unique pour toute la monarchie austro-hongroise, lequel est installé à Vienne.

Sans énumérer les principes qui président au recrutement, bornons-nous à rappeler que le service militaire est obligatoire en Autriche-Hongrie, sauf quelques tempéraments dont nous n'avons pas à nous occuper ici.

L'Autriche ne fut guère favorisée par le sort des armes depuis une vingtaine d'années ; la campagne d'Italie, grâce à notre intervention, fut dès 1859 le signal de ses revers ; mais en 1866, à Sadowa, elle reçut un coup dont elle n'est pas encore remise. Au point de vue politique, elle a considérablement perdu. Au point de vue militaire, elle possède, il est vrai, une excellente armée, une organisation qui lui permet de passer, sans trop d'encombres, au pied d'effectif complet ; là, cependant, il existe une lacune qui pourrait encore lui coûter cher : l'organisation des divers commandements comporte des modifications indispensables au moment de compléter les effectifs, d'où les retards dont l'adversaire peut profiter pour surprendre l'armée en flagrant délit de formation. Rien de plus dangereux, au temps où nous sommes. Mais le territoire même de la monarchie austro-hongroise se prête, par sa disposition, à un danger plus grand encore. Du côté de la Prusse, l'Autriche est à la merci de l'envahisseur, et une seule bataille perdue par elle amène ce dernier aux portes de Vienne. Du côté de la Russie, même désavantage.

Repoussée de l'Allemagne, l'Autriche-Hongrie cherche sur le Danube l'extension de sa puissance ; elle considère ce fleuve comme le sien propre ; tous ses efforts tendent à s'assimiler la Bosnie, l'Herzégovine, et plus tard d'autres dépouilles de l'empire ottoman. La Russie, qui, de son côté, entend dominer sans partage sur l'objet de ses convoitises, entrera en lutte contre l'Autriche, le jour où commencera la liquidation.

Comme ressource pour la défense éventuelle de son territoire, l'Autriche possède : 270,000 hommes de l'effectif du pied de paix, 100,000 hommes de première réserve ou réserve de remplacement, et 430,000 hommes de différentes classes de réserve, soit, au total, pour la mobilisation de l'armée proprement dite : 800,000 hommes. A ce chiffre, il faut ajouter la landwehr, qui comprend 600,000 hommes.

On le voit, ce sont des effectifs respectables, qui donnent une certaine sécurité à l'empire austro-hongrois contre les attaques de ses puissants voisins ; mais l'hostilité latente des races qui forment la population est une source de périls pour l'avenir, et, telle qu'elle est, comme nation, l'Autriche paraît au terme prochain de son existence.

Belgique. — Poursuivant notre exposé, en adoptant l'ordre alphabétique, nous nous bornerons, pour les Etats secondaires, à mentionner le chiffre de leurs effectifs dans les diverses positions ou catégories. La Belgique, à l'égard de laquelle nous aurons plus loin à présenter des considérations particulières, a, sur le pied de paix, une armée d'environ 40,000 hommes. A l'encontre des autres puissances, elle n'a pas cru devoir adopter l'obligation pour tous du service militaire.

Pour une mobilisation, elle peut mettre sur pied 90,000 hommes; mais, en cas de guerre, elle n'aurait que 70,000 soldats instruits.

Danemarck. — Bien affaibli par la guerre de 1864, qu'il eut à soutenir contre l'Allemagne tout entière, y compris l'Autriche, le Danemarck, n'ayant aujourd'hui qu'une population de 1,700,000 habitants, entretient une armée permanente de 38,000 hommes; c'est proportionnellement le double de l'armée active en Allemagne. La mobilisation porterait à 60,000 hommes l'effectif du pied de guerre.

Espagne. — Ce pays, qui compte une population de 16 millions avec une étendue territoriale supérieure à la France, a une organisation militaire qui se ressent du marasme général.

Le triste état des finances, l'anarchie morale et latente qui se traduit de temps à autre par des *pronunciamentos* et des révolutions, tout cela n'est pas fait pour consolider le système militaire. Cependant, il paraît se régulariser depuis la loi du 16 août 1873, votée six mois après une autre qui avait substitué aux appels, les engagements volontaires. D'après les bases établies par cette nouvelle loi du 16 août 1873, l'armée espagnole se compose de 130,000 hommes sur le pied de paix, 300,000 sur le pied de guerre. Mais grâce à l'admirable constitution de son sol, l'Espagne serait le tombeau de tous les envahisseurs qui voudraient renouveler la déplorable tentative de Napoléon Ier.

Quant à un rôle actif en Europe, l'Espagne restera, de longtemps, dans l'impuissance de le remplir, tant elle est déchue du rang qu'elle tenait jadis. Ses anciens maîtres et les moines en ont fait une nation léthargique. Cependant elle n'a qu'à le vouloir; elle redeviendra alors, de concert avec la France, une des premières nations du monde.

France. — La désastreuse guerre de 1870, a complètement modifié, transformé l'organisation militaire de la France. L'obligation du service personnel est la base de cette organisation ; nous n'avons point à reproduire ici les dispositions de la loi du 27 juillet 1872, dont tout le monde connaît aujourd'hui les principales.

On sait que le contingent annuel, en raison des nécessités budgétaires, est partagé en deux portions, la première beaucoup plus forte que la seconde ; les hommes faisant partie de cette dernière ne sont astreints actuellement qu'à une année de présence sous les drapeaux, du moins en temps normal. Cette année accomplie, les soldats de la deuxième portion font partie, pendant quatre ans, d'une catégorie appelée la *disponibilité*, c'est-à-dire qu'ils sont à la disposition du ministre de la guerre, sans qu'il soit besoin d'une loi spéciale pour les rappeler à l'activité.

Défalcation faite des pertes et des non-valeurs, on peut estimer que les quatre classes de la disponibilité, jointes, aux classes correspondantes de l'effectif permanent, portent à 700,000 hommes nos ressources éventuelles. Il faut ajouter à ce chiffre un nombre à peu près égal pour les quatre classes de la réserve ; ce qui représente 1 million 400,000 hommes pour huit classes d'armée active. Dans le fait, on ne peut compter que sur le chiffre de 1 million 200,000 mille combattants. En outre, l'armée territoriale, sans compter la réserve de cette armée, donne encore 750,000 hommes, total qu'il convient de ramener à 500,000 pour rester un peu au-dessous des probabilités.

Quant à la réserve de l'armée territoriale, elle représente la levée en masse, et ne doit compter, ce nous semble, que comme mémoire. La mobilisation de cet arrière-ban de la défense ne saurait, en effet, avoir lieu qu'à la dernière extrémité.

Ramenées à ces proportions, nos évaluations ne risqueront point de correspondre à des données inexactes pour l'éventualité d'une nouvelle guerre contre l'Allemagne. Il est permis d'affirmer que, comme *nombre*, notre pays n'a plus rien à envier à personne.

En est-il de même au point de vue de la qualité? Grosse question, qui ne serait définitivement tranchée que le jour où nous aurions à en faire l'expérience à nos dépens.

La réorganisation militaire a fait certainement des progrès inespérés ; les divers services, nos forteresses, notre matériel, ont été l'objet d'une reconstitution persévérante, dont on peut dès maintenant apprécier les heureux résultats.

Mettant à profit les douloureuses leçons de 1870, la France s'est créé, de toutes pièces, une première ligne de défense beaucoup plus solide que ne l'était notre frontière de 1815, même avec le Rhin, même avec Metz, forteresse que les Allemands ont su rendre en partie inutile, en la tournant d'abord, en l'affamant ensuite, et en se la faisant livrer par la trahison, ou je ne sais quelles visées ambitieuses d'un maréchal de France. Aujourd'hui, nous sommes chez nous, autant que nous pouvons le dire en songeant à l'Alsace et à la Lorraine...

Personne ne passerait impunément par la trouée de Belfort, par exemple, un des points naturellement vulnérables de notre territoire. Outre que notre sécurité est assurée de ce côté, Belfort peut devenir, à un moment donné, une sérieuse base d'opérations offensives, être pour nous la clé de l'Alsace, nous permettre de tourner les Vosges et de rendre inutile pour l'Allemagne, la formidable place de Metz.

Veut-on savoir, avec un degré suffisant d'exactitude, combien de temps il faudrait aujourd'hui pour la mobilisation complète et la concentration de notre armée? Avec notre réseau actuel de voies ferrées, nous estimons qu'il faudrait *sept* jours pleins, si, comme il est permis de le penser, l'administration de la guerre s'est concertée avec les Compagnies de chemins de fer, en arrêtant dans les moindres détails les dispositions nécessaires.

Dans la partie de notre travail concernant les modifications dans l'organisation militaire de la France, nous

établirons comment la réduction de notre effectif permanent, soit à la suite d'une nouvelle guerre, soit en vertu
d'arrangements internationaux, nous permettrait d'assurer immédiatement la défense de notre frontière. Nous
montrerons, dans les détails, le mécanisme simplifié de
la mobilisation, dont la durée, jointe à celle de la concentration, ne dépasserait pas *six* jours, dernière limite possible de la rapidité, que l'Allemagne elle-même n'atteindrait pas encore. Si, maintenant, l'on tient compte que la
guerre n'éclate jamais d'*une heure à l'autre*, mais après
des symptômes d'au moins quelques jours, on conçoit très
bien que la France serait à même de prendre, avant la
déclaration de guerre, des mesures dont l'effet réduirait
d'autant cette période de six jours, minimum nécessaire à
la totalité des opérations de la mise sur le pied de guerre
et de la concentration. Nous sommes à l'abri de toute
surprise, et les gros effectifs permanents n'ajoutent rien
à notre sécurité.

Cependant, il serait dangereux de se bercer d'illusions
dont la persistance nous coûterait bien cher, et, peut-être,
amènerait l'irrémédiable ruine de la nationalité française.
L'Allemagne, elle aussi, est maîtresse chez elle, plus que
nous ne sommes maîtres de nous-mêmes ; elle aussi est
derrière des lignes de défense, que nul ne franchirait sans
se faire un marchepied des cadavres des siens. L'armée
subit l'impulsion d'une direction unique, grâce à des
rouages administratifs d'une remarquable précision ; les
plus petites choses y sont prévues ; tous les mouvements
de cette machine gigantesque sont savamment coordon-
nés, ce qui est sans conteste la première condition du
succès. Chez nous, il faut bien le dire, si nous avons
le nombre, si nous avons le matériel, nous manquons un
peu de cohésion. Tous ceux qui ont vu de près notre
armée, qui ont vécu de son existence, ont pu se rendre
compte de l'exactitude de cette appréciation, qui, d'ailleurs, loin de nous décourager, doit plutôt nous tenir en
éveil. Chaque corps de troupe, bien plus, chaque classe
d'instruction un peu importante dans nos régiments, a,
pour l'éducation du soldat, en vue de l'ordre dispersé, des

procédés qui ne sont pas ceux du groupe voisin. Nous reviendrons, dans un chapitre suivant, sur cette grave question, que ne sauraient négliger ceux qui ont la charge de notre armée nationale, sans s'exposer et nous exposer tous aux plus cruels mécomptes.

Quoi qu'il en soit, la France balancerait les chances de succès, si elle avait à se mesurer avec l'Allemagne, et sa vitalité extraordinaire lui donnerait, en définitive, la victoire, en tant qu'il est permis de se prononcer sur de telles éventualités, dont l'issue est toujours enveloppée d'incertitude.

Quant à un rôle actif, en s'associant à une ou deux autres puissances, elle serait certainement en état de faire bonne figure, de recouvrer même la plénitude de son prestige militaire. Mais les complications extérieures sont un engrenage contre lequel elle fera bien de continuer à se tenir en garde, de peur de s'avancer au point de n'être plus libre de ses mouvements et d'avoir contre elle ceux à qui elle doit éviter de fournir le moindre prétexte. D'ailleurs, comme nous aurons à le répéter encore, une guerre qui ne serait même, à supposer l'impossible, qu'une suite de succès, de triomphes, nous causerait plus de préjudice que la continuation de la paix. Dussions-nous même avoir l'air de nous effacer un peu trop, nous nous en trouverons mieux que de prendre une part active aux démêlés extérieurs. Une paix, aussi durable qu'il est en notre pouvoir de la prolonger, comblera efficacement le gouffre où menaçait de s'ensevelir à jamais notre puissance; elle aura aussi pour conséquence de mettre définitivement de notre côté le bon droit et la force morale. Quoi qu'en ait dit M. de Bismarck, ce sont là des facteurs bien supérieurs, en fin de compte, à la force brutale. Nous avons payé l'expérience assez cher pour ne pas l'avoir oublié.

Notre César, qui, par les armes, avait enchaîné toute l'Europe à son char sanglant, valait bien, sans chauvinisme, tous les Moltkes et les Manteuffels de son temps et de notre époque. Il n'avait pas sué sang et eau pour pulvériser en quelques jours la monarchie prussienne. Et cependant il est tombé! Et une fois tombé, les coups de pieds de l'âne l'ont achevé!...

Est-ce à dire qu'il faille nous endormir dans l'inaction? Veillons, au contraire, plus que jamais; mettons-nous en état d'être toujours prêts, montrons à l'Europe que, si nous ne voulons ni troubler son repos, ni prendre part à ses querelles, nous saurions faire respecter notre territoire et notre indépendance, le jour où l'avalanche germanique viendrait se briser contre le roc qui s'appelle la France. *Si vis pacem, para bellum.*

II

Grande-Bretagne. — La position insulaire de la Grande-Bretagne donne lieu à une organisation particulière, en ce qui concerne son armée; puissance essentiellement maritime, c'est à sa flotte qu'elle demande surtout le maintien de son empire.

L'armée des Indes, forte de 63,000 hommes, sur le pied de paix, non compris les troupes indigènes, s'est considérablement accrue dans ces derniers temps, par suite des événements de Caboul.

La perspective d'une invasion venant du continent est des plus improbables; c'est pourquoi l'armée permanente à l'intérieur ne compte que 130,000 hommes environ.

C'est l'enrôlement volontaire qui forme l'unique base du recrutement; les engagements pour l'armée permanente sont reçus pour douze ans, mais au bout de six ans, les enrôlés peuvent passer dans la première classe de réserve.

Dans l'armée auxiliaire sont compris, outre la seconde classe de réserve, 150,000 hommes, et le corps des volontaires, s'élevant à 160,000.

Depuis 1871, les grades ne s'achètent plus; c'est par voie de concours et d'examens successifs, jusqu'au grade de major, qu'a lieu l'avancement.

En tenant compte des déductions à faire, l'Angleterre,

prenant part à une lutte sur le continent, ne pourrait mettre en ligne que 300,000 hommes d'armée de terre, en supposant qu'elle ait à fournir son maximum d'efforts. Mais elle n'en garde pas moins une réelle influence, et la nation qui l'aurait pour alliée doublerait par cela même ses chances de succès, précisément à cause de sa marine formidable.

Tout récemment, peu s'en est fallu qu'elle ne jouât un rôle prépondérant dans cette éternelle question d'O-rient, qu'allait rouvrir l'affaire de Dulcigno. Pour la pre-mière fois, depuis cinquante ans, son entente avec la Russie eût été de nature à contre-balancer le concert austro-allemand, et l'on ne saurait dire ce qui serait arrivé le lendemain du jour où l'escadre combinée eût tiré le canon. En tous cas, l'*homme malade* en fût mort cette fois ; l'ouverture de sa succession mettait le feu aux poudres. L'Angleterre, qui avait fait avec nous la campagne de Crimée, pour le maintien de l'intégrité de l'empire ottoman, s'est montrée, dans ces derniers temps, une des plus âpres à la curée, et ses appétits menacent de se réveiller plus exigeants que jamais. Ce n'est pas qu'elle n'eût elle-même plus d'un point noir à l'horizon ; mais il semble que là tournure des choses en Orient soit pour elle le *To be or not to be*.

En attendant, par son immense empire colonial, elle tient le trident de Neptune, qui, a-t-on dit, est le sceptre du monde. Certes, le jour où, parvenant à gagner de vitesse la Russie, elle mettrait elle-même, et pour son propre compte, la main sur Constantinople, pas un navire étranger ne voguerait sur les mers sans sa per-mission.

Mais l'avenir seul dira jusqu'à quel point l'Angleterre pourra réaliser ce magnifique programme ; pas plus, en effet, que toutes les autres puissances, elle n'est exempt des vicissitudes qui transforment, bouleversent brusque-ment l'état de choses en apparence le mieux établi.

Quoi qu'il en soit, il est probable qu'elle sera l'une des dernières à prendre part au mouvement qui doit amener les puissances européennes à une réduction de leurs armées permanentes. Cela se conçoit aisément, puisque, pour une population continentale de 30 millions d'habitants, son armée, sur le pied de paix, n'est, en Europe, que de 130,000 hommes, avec un budget d'un peu plus de 300 millions de francs. Même dans les prévisions les plus optimistes, on ne saurait donc s'attendre à voir la Grande-Bretagne diminuer son effectif, qui suffit tout juste à assurer l'exécution des lois et la sécurité publique.

En somme, l'Angleterre reste une des puissances les plus favorisées, n'ayant à redouter aucun danger immédiat pour son territoire insulaire, elle peut intervenir à son gré dans les débats qui tendraient à s'élever sur le continent, et ses adversaires, quels qu'ils fussent, auraient à compter avec cette intervention; mais la guerre lui causerait bien plus de préjudice qu'elle ne lui procurerait d'avantages. Elle a cela de commun, d'ailleurs, avec le reste de l'Europe, et ce qu'elle a de mieux à faire, c'est de profiter de l'influence que lui vaut sa position exceptionnelle, pour s'opposer aux agressions et aux velléités belliqueuses extérieures, d'où qu'elles viennent.

En faisant mine d'entrer franchement en lice contre l'agresseur qui tenterait de troubler la paix européenne, elle ferait pencher dans le sens de cette paix, la balance du fameux équilibre international.

Grèce. — Ce petit État, dont la population n'est pas même d'un million et demi, acquiert tout à coup une certaine importance, non par lui-même, car sa force intrinsèque est des plus restreintes, mais il a fixé l'attention bénévole de l'Europe au Congrès de Berlin.

D'un trait de plume et obéissant à un accès de sentimentalisme au moins inopportun, la diplomatie européenne a généreusement octroyé aux fils de l'Hellade une partie du territoire de la Grèce antique. Il en résulte qu'aujourd'hui, la question de Dulcigno à peine résolue, le roi de Grèce, encouragé par les promesses *verbales* qui ne lui ont pas fait défaut, ne trouve rien de mieux que de revendiquer pour les siens cette bande de territoire d'où la mobilisation de la petite armée hellénique, qui va partir en guerre, au grand ébahissement de l'Europe, qui pourtant elle-même est la cause de cette levée de boucliers.

Cette petite armée compte en temps ordinaire 14,000 hommes environ, auxquels viennent s'adjoindre quinze ou seize mille autres par la mise sur le pied de guerre. La Turquie, quoique bien faible, en aurait facilement raison, de sorte que nous sommes fort en danger de voir se rouvrir de ce côté la question d'Orient; on ne voudra pas laisser écraser la Grèce cinquante ans après Navarin, surtout après l'avoir mise en appétit et poussée à sa perte en guise de protection et de sollicitude.

Ce qui doit en résulter, c'est le secret de l'avenir.

Hollande. — La Hollande, pays de 3,500,000 habitants, qui formait avec la Belgique, avant 1830, les Pays-Bas, fut longtemps sans avoir une existence propre. Mais aux beaux jours de son indépendance, elle joua un rôle prépondérant, et l'on sait que Louis XIV, malgré ses grands généraux et les faveurs dont le comblait alors la fortune, dut rabattre de ses prétentions devant ces fiers républicains qui portèrent les premiers coups à son orgueilleuse domination. Plus tard, Napoléon engloba, pour quelques années, la Hollande dans le cercle de fer dont il s'entourait; il y tailla des départements français. Puis la coalition devenue victorieuse, par l'épuisement du monstrueux colosse, accoupla la Hollande et la Belgique, pour en faire un bouclier contre la France désarmée et pour s'ouvrir un chemin facile pouvant la ramener aux portes de Paris.

Ce ressoudage dura dix-sept ans.

La Hollande peut mettre sur pied 90,000 hommes, appoint déjà respectable pour les armées d'un pays allié.

Italie. — Cette puissance date d'hier; il y a vingt ans qu'a commencé son émancipation, dix ans que son unité est un fait accompli. Rome, capitale du royaume d'Italie, voilà ce que nos pères, ce que les hommes politiques disparus avant 1860, eussent traité d'absolument chimérique. Sans remonter aussi loin, est-ce que nos oreilles ne tintent pas encore du fameux « Jamais ! » lancé à la face de tous, à la tribune française ?

Mais cette Italie elle-même, soumise à la domination étrangère pendant des siècles, a une histoire, une histoire qui, à travers toutes ses phases, remonte plus haut que la nôtre. C'est une nation sortie du tombeau.

Malheureusement, non contente d'avoir recouvré son existence propre, reconquis son unité, double rêve dont les plus hardis n'osaient espérer la réalisation, elle suit les voies tortueuses et funestes où les autres peuples sont engagés comme dans une impasse. Il lui faut, comme à toutes les autres puissances, une armée permanente et une armée de réserve, sur un pied qui non-seulement assure la sécurité de son territoire, mais encore lui permette de chercher des aventures au dehors. Avec un budget qu'elle ne peut équilibrer, avec des emprunts qui ne seront que de ruineux expédients, elle veut être prête pour un rôle actif au jour de la curée.

La population du royaume d'Italie est de 25 millions d'habitants, l'armée active, accrue de la réserve, donne 330 mille soldats en état d'entrer en campagne, déduction faite des non-valeurs. La milice provinciale et la seconde catégorie des hommes en congé illimité forment un effectif presque égal, soit au total pour la défense du territoire, 650 mille hommes.

L'Autriche ne saurait plus être un danger pour l'Italie, qui serait d'ailleurs en état de lui tenir tête avec avantage, grâce à sa frontière exceptionnelle. Du côté de la France, surtout de la France vivant sous le régime actuel, l'Italie n'a absolument rien à craindre.

Quant à l'Allemagne, seul danger lointain, c'est à l'Italie à prendre de sages précautions, à se rapprocher de la France, son alliée naturelle, et surtout à se tenir comme nous sur une prudente et attentive réserve. Loin d'être un indice de faiblesse, cette attitude contribuera au maintien de la paix européenne et aussi au rétablissement de son équilibre budgétaire. Qu'elle laisse à d'autres les aventures et l'odieuse banqueroute.

Portugal. — Le Portugal, ayant une population de 4 millions d'habitants, est resté depuis de longues années sans histoire militaire ; il doit cet avantage à son isolement, à l'extrémité sud-ouest de l'Europe. Il est probable que la tranquillité dont jouit ce pays dans ses rapports extérieurs, est un peu due aussi aux embarras intérieurs de l'Espagne, qui n'a plus le loisir d'avoir des convoitises.

La petite armée du Portugal, en temps de paix, est de 30,000 hommes ; en cas de mobilisation complète, elle atteindrait le chiffre de 70,000 ; de longtemps, sans doute, ce pays n'aura l'occasion de se mettre sur ce pied.

Roumanie, etc. — Les diverses nationalités qui se sont constituées en Orient, n'ont encore qu'une existence équivoque. La Roumanie, la Bulgarie, la Serbie, pressentant que les envahissements de l'Autriche-Hongrie s'efforceront de les subjuguer, et, en tous cas, d'exercer sa suprématie sur tout le cours du Danube, se rapprochent, et leur réunion est appelée à former un noyau assez compacte. Quant aux contingents respectifs de ces petits groupes, il est impossible de les évaluer actuellement ; le chiffre de cent mille au total nous paraît une approximation convenable. Encore impuissants par eux-mêmes contre un adversaire tel que l'Autriche, ils seconderaient efficacement la grande puissance — peut-être la Russie — qui viendrait à prendre fait et cause pour eux.

Russie. — Ce vaste empire, avec une population de soixante-dix-sept millions d'habitants, a en Europe une superficie égale à celle de tous les autres États ensemble ; elle gagne chaque jour du terrain en Asie, dont elle possède toute la partie septentrionale, des monts Ourals au détroit de Behring. Le testament de Pierre-le-Grand lui a donné pour objectif, auquel il ne cesse de tendre, la possession de Constantinople, ce qui donnerait aux czars l'empire du monde.

Nous reviendrons sur ce sujet en abordant le chapitre du panslavisme. La Russie, dont les budgets ne sont pas précisément des spécimens de contrôle et des indices de prospérité, entretient en temps normal une armée de 800,000 hommes ! Assurément, ce n'est pas qu'elle craigne outre mesure pour la sécurité de son territoire. Le double exemple de Charles XII et de Napoléon Ier — Pultawa et Moscow — est fait pour décourager qui que ce soit de s'aventurer, comme envahisseur, au milieu des steppes et des frimas de la Russie.

Cette armée formidable, qui constitue une si lourde charge pour les populations, a donc un but essentiellement agressif, qui, du reste, n'échappe à personne ; l'esprit de conquête anime cette race pleine de vitalité, dont la majeure partie obéit à l'empereur de toutes les Russies. Les réserves à mobiliser, le cas échéant, représentent un nouveau contingent de 700,000 hommes, soit en tout un million et demi de combattants.

Beaucoup d'esprits, en France, caressent l'arrière-pensée d'une alliance éventuelle avec la Russie, comme un puissant contre-poids à l'alliance austro-allemande, par exemple. Non-seulement nous devons éviter de nous lier imprudemment les mains, mais il y a encore un danger dont on ne paraît suffisamment se rendre compte. Le gouvernement russe et celui de l'Allemagne, malgré leurs divergences incontestables, ont une affinité qui, dans l'offre d'une alliance faite à la France, cacherait sans doute un piége ; lors même qu'il y aurait des actes d'hostilité ouverte entre Berlin et Pétersbourg, on s'arrangerait de manière, en désintéressant notre alliée d'un jour, à nous laisser à nos propres forces. Or, nous n'avons que faire des négociations ténébreuses, dont la France serait certainement la dupe. Rien de bon à attendre de la Russie qui, après tout, est le véritable danger de l'Europe et de la civilisation. Vint-elle à se brouiller avec l'Autriche et l'Allemagne, tenons-nous toujours en dehors des combinaisons aventureuses, où elle voudrait nous engager ; c'est de beaucoup le plus sûr et le plus simple. Pourvu que nous soyons nous-mêmes à l'abri des agressions extérieures, nous n'avons rien à gagner à l'affaiblissement des autres, pas même de l'Allemagne, par une puissance telle que la Russie, qui un jour se dressera comme un véritable géant. Encore moins faut-il l'aider à s'agrandir, aux dépens de qui que ce soit.

Le budget de l'armée russe, en temps normal, est de 628 millions de francs. On peut d'après ce chiffre se représenter quel ver rongeur est pour le peuple russe cet énorme budget. C'est à se demander, sans approuver le nihilisme, si quelque terrible secousse sociale ne viendra pas disperser aux quatre vents l'autocratie moscovite.

Suède et Norwége. — Bien que ces deux pays aient leur gouvernement distinct et un régime militaire spécial, ils sont unis par les liens fédératifs pour la défense commune du territoire scandinave. Le recrutement de l'armée suédoise ne lui fournit qu'une petite armée permanente de 6,500 hommes pour une population de 4 millions et demi ; c'est la *vœrfvade* formée à l'aide d'engagements volontaires avec prime pour six ans, contractés de 17 à 30 ans. La seconde partie de l'armée active, composée de volontaires de 17 à 25 ans, après une première instruction de six mois, revient chaque année accomplir une nouvelle période ; c'est l'*indelta*, entretenue non par le Trésor public, mais par les propriétaires ruraux ; elle comprend 27,000 hommes. L'armée active est donc forte de 33,500 hommes.

La *bevœring*, ayant pour but de compléter les effectifs du pied de guerre, fournit, pour une mobilisation, 70,000 hommes.

Si nous ajoutons la *milice du Gotland*, chargée spécialement de la défense de l'île de ce nom, nous trouvons un total de 110,000 hommes. Des compagnies de francs-tireurs volontaires, portent à 130,000 l'effectif des forces suédoises sur le pied de guerre.

La Norwége, avec une population de 1,800,000 habitants, mobiliserait 40,000 combattants d'armée active, de réserve et de landswœrn. Il resterait à l'intérieur la garde civique et le landstorm ou levée en masse.

On peut donc évaluer les ressources de la péninsule scandinave à 170,000 hommes.

On le voit, si ces États entraient un jour avec nous dans une communauté de vues, d'intérêts et d'action défensive, ils constitueraient un appoint respectable, tenant en respect une notable partie des forces de l'adversaire. Mais n'anticipons pas.

Suisse. — Le système militaire de la Confédération helvétique présente, au plus haut degré, le caractère d'organisation défensive ; ce petit pays a dès longtemps devancé le reste de l'Europe dans la véritable voie, ce qui ne l'empêche pas d'avoir, relativement à sa population, le plus grand nombre de combattants le jour du danger. Sans avoir d'armée permanente proprement dite, elle est toujours prête à se défendre. Ses troupes d'élite immédiatement disponibles se montent à 95,000 hommes ; la réserve et la landwehr atteignent ensemble un effectif de 100,000 hommes. C'est donc, au total, le douzième de la population, qui est seulement de 2 millions et demi d'habitants ; de plus, on sait que le sol montagneux de la Suisse se prête admirablement à la défense, et dans ce pays tout homme valide, même après 44 ans, limite d'âge du service militaire, devient un combattant, d'autant mieux que tous ont déjà servi. De même, les jeunes gens au-dessous de 19 ans fourniraient de sérieux auxiliaires. Serait-ce l'Allemagne qui se hasarderait à jeter ses troupes dans les coupe-gorges, surtout quand l'Helvétie serait soutenue par la France ? Serait-ce l'Autriche que le souvenir de Guillaume Tell n'arrêterait plus ?

Politiquement et militairement, la Suisse est de tous les États de l'Europe, celui dont l'indépendance est le mieux asssurée ; c'est en même temps celui qui, avec le moins de sacrifices, réalise le maximum d'efforts et de force vive, proportionnellement à son étendue territoriale et au chiffre de sa population. Elle ne dépense, pour arriver à ces résultats, que 8,600,000 francs par an, dont les cantons supportent un peu plus de la moitié, le surplus à la charge de l'Etat. Quelle leçon pour l'Europe ! Il est vrai que, si elle entend demeurer absolument maîtresse d'elle-même, elle ne rêve ni conquêtes, ni aventures ; là est tout le secret de sa force et de la modicité de ses sacrifices.

Turquie. — Ici tout change ; nous tombons dans le plus joli gâchis qu'il soit possible de rêver ; c'est bien le pays de *l'homme malade*.

La Turquie, ayant déjà fait banqueroute sur banqueroute, ne veut cependant pas mourir de bonne grâce ; alors que les gouvernements d'alentour épient avec anxiété l'approche de son râle suprême, elle se permet de narguer ses avides héritiers.

Il est impossible d'évaluer avec précision ce qui lui reste de soldats, d'une solidité à laquelle on ne s'attendait plus ; malgré son état de faiblesse politique, elle ferait nombre sur l'échiquier européen. Il est certain que, si la Gréce s'avisait de se mesurer avec elle, mal en prendrait à cette dernière, jusqu'à l'intervention d'un tiers.

Alors, ce serait le point de départ de complications qui ne finiraient qu'avec la Turquie d'Europe, après l'épuisement des autres puissances belligérantes et l'hécatombe de toute une génération. Séduisante perspective en vérité !

Mais ne l'oublions pas, tel qu'il est, l'empire des Osmanlis a pour lui une force morale qui, sans conséquences aujourd'hui, tant que son existence même n'est pas encore ouvertement mise en jeu, ne manquerait pas de soulever une avalanche de croyants ; c'est le fanatisme musulman. Certes, ces hordes ne prévaudraient point contre la discipline et l'organisation d'une armée européenne ; mais ce n'en serait pas moins une force d'autant plus redoutable que ces sortes de soulèvements d'une race fanatique déroutent les plus habiles combinaisons tactiques et stratégiques. Réduite au désespoir, une population quelconque, même à peu près désarmée, devient un sérieux embarras pour la meilleure armée du monde ; ne fût-ce que par l'incendie et le massacre, en détail, des petites colonnes, elle peut faire beaucoup de mal ! La suppression de la

Turquie n'est donc pas aussi élémentaire qu'on paraît le croire ; nul ne prévoit qui se chargerait de cette exécution d'une puissance malade, ne voulant pas mourir et qui traînera de longues années encore. Ne payant plus ses dettes, elle vit de la perception des impôts, même avec les dilapidations sans nombre des intermédiaires, et ne se prive pas de jouer de vilains tours, à l'occasion, à la vieille Europe, qui n'en peut mais, témoin cette mauvaise plaisanterie de Dulcigno.

La situation de la Turquie doit donc être envisagée sous ce point de vue ; absolument incapable de trouver une sève nouvelle et de faire face à ses plus simples engagements, elle en a pris son parti avec une désinvolture digne d'une meilleure cause. Son existence ne tient plus qu'à un fil, mais ce fil, personne n'ose le couper, bien que tous meurent d'envie d'en finir ; les compétitions jalouses qui s'entrecroisent, sont comme autant de forces à peu près égales et dirigées en sens contraire, c'est-à-dire ayant une résultante nulle.

Et pendant ce temps d'expectative, l'Europe entière est un vaste camp retranché ; de tous côtés, l'oreille attentive perçoit distinctement le cliquetis des armes ; aux embrasures de toutes les forteresses, apparaît menaçante la gueule des engins de mort et de désolation. Pour complément obligé, les milliards vont se joindre aux milliards pour alimenter l'insatiable Minotaure, à qui il faut de l'or, toujours de l'or, et aussi la sève des peuples, les victimes se chiffrant par fournées de centaines de mille.

CHAPITRE II.

NÉCESSITÉ D'UN DÉSARMEMENT PARTIEL. — MARCHE A SUIVRE.
— DIVERSES HYPOTHÈSES. — MESURES DE SURETÉ.

De quelque côté qu'on envisage la question d'un désarmement partiel, il faut bien le reconnaître, on finira par
en arriver là. L'état de choses actuel est ce qu'on a appelé
la paix armée qui, se prolongeant, est plus funeste encore
aux intérêts des peuples que la crise aiguë de la guerre
ouverte. Les budgets s'enflent démesurément, et comme
à l'envie les uns des autres. Où veulent en venir ces gouvernements, qui semblent n'avoir plus qu'un rêve: jouer
au soldat? Plus ils multiplient les armements et les préparatifs de toute sorte, plus il leur en reste à faire, précisément parce que chacun en fait autant de son côté. Tel
pays, surchargé d'impôts, demande à de nouveaux emprunts l'équilibre momentané de ses finances ; mais les
préoccupations belliqueuses qui hantent le cerveau de ses
hommes d'Etat, ont pour effet de tarir ces ressources
obtenues à grand'peine et de plus en plus onéreuses : le
budget de la guerre prend la part du lion, et n'en a jamais
assez. C'est la banqueroute, à délai rapproché, pour les
quatre cinquièmes de l'Europe.

Ou l'on en viendra à la guerre, ou les puissances, armées
jusqu'aux dents, continueront, pendant de longues années
encore, à s'imposer un régime odieux qui n'est pas la
lutte, mais qu'on ne saurait appeler la paix. Dans le
premier cas, presque toutes épuisées déjà par une période
ruineuse d'attente et de préparatifs, seront dans l'impuissance de se procurer le nerf de la guerre, faute de crédit,
car la hideuse banqueroute se montre déjà à l'arrière-
plan. Combien, en effet, réussiraient à se procurer les

millions nécessaires? Dans le second cas, croit-on que celles qui auront eu l'effectif permanent le plus élevé, seraient les plus fortes?

A moins de nourrir quelque arrière-pensée d'agression soudaine, est-ce que la France, par exemple, n'accroîtrait pas sa force vive, en rendant cent mille de ses enfants à la production et au travail? Notez qu'en cas de besoin, elle retrouverait tout autant de défenseurs qu'elle en compte aujourd'hui, et le Trésor public serait allégé d'autant de sacrifices que comporte une pareille charge. Passe encore pour la France qui est précisément le pays ayant le plus d'élasticité. Mais nos voisins, mais l'Allemagne?....

C'est avec la frénésie des gens jouant leur fortune et leur santé que les gouvernements s'acheminent consciencieusement vers leur propre ruine; ils auront beau s'ingénier à trouver des expédients, ils reconnaîtront bien avant peu, que tout finit par s'user. Depuis que l'Allemagne a englouti nos milliards, en est-on plus riche de l'autre côté de notre frontière? Est-ce à Berlin que le Trésor public encaisse dans une année 140 millions de francs, au-delà des chiffres budgétaires? Quels impôts va-t-on diminuer au pays des milliards? Les récentes promesses du discours du trône nous paraissent être comme les prodromes d'un appel au crédit.

Au temps où nous vivons, la guerre est une monstrueuse aberration, dont les déchaînements sont aussi funestes aux vainqueurs qu'à leurs adversaires; lors même que, par impossible, on serait assuré d'avoir le dessus, on doit en mettre les conséquences *toujours au passif*. Bien plus, l'affaiblissement de deux peuples entre lesquels la guerre a forcément un terme, ne manque jamais d'avoir son contre-coup dans toutes les directions. Que les forces productives de l'Allemagne diminuent, la France s'en ressentira, et *vice versa*, dans une proportion moindre, il est vrai, ce qui amène les esprits superficiels, à se réjouir du préjudice éprouvé par leurs voisins. Faire la guerre pour s'enrichir, c'est un calcul ayant le double tort d'être odieux et absolument faux; tout le monde s'appauvrit, dans des proportions différentes, voilà tout.

Cependant, il ne faut pas s'attarder à prêcher, ici des convertis, là des endurcis ; les uns et les autres se rendront compte un jour du danger qu'il y a pour le bien général, à entretenir les haines nationales, sous couleur de patriotisme. Au fond, ce soi-disant patriotisme n'est qu'une étroite et ignorante conception, dont on a trop longtemps abusé. Du reste ces haines héréditaires sont tellement peu dans la nature des choses que les plus farouches, celles qui paraissaient invétérées pour toujours, se sont effacées comme par enchantement. Que l'on songe aux divisions séculaires entre l'Angleterre et la France ; qu'en est-il résulté ?... Pourquoi me croirais-je dans l'obligation de nourrir de la haine contre tel ou tel de mes semblables, sous prétexte qu'il est venu au monde à Berlin ?

Pourquoi, à son tour, le Berlinois, qui ne m'a rien fait, à qui je ne veux faire aucun mal, s'acharnerait-il à me poursuivre de sa haine, pour mon crime d'être né à Paris ?

Pas d'illusions, pas de faux élans de fraternité ; que l'on garde une certaine réserve, rien de mieux ; le passé douloureux est encore trop près de nous pour que nous devenions prussophiles. Au contraire, nous devons redoubler de vigilance dans l'intérêt de notre sécurité. Mais, pour Dieu, tout en gardant la froideur, qui seule nous convient actuellement, n'allons pas renchérir sur la triste réalité, et nous persuader qu'il est du devoir de tout bon Français de *haïr* les Allemands, de rêver leur extermination. Qu'importe si, au delà des Vosges, des monomanes attardés chantent encore des couplets d'un autre âge contre l'ennemi héréditaire, courtois accouplement de mots, qui sert à désigner les Français ?

Il y a des gens sensés aussi bien en Allemagne qu'en France, et dans n'importe quel pays ; ils feront comme nous, ils se demanderont ce qu'il leur revient de tant de boucheries humaines, de tant d'œuvres de dévastation, dont ils sont, comme nous, et les instruments et les victimes. Ce rôle de bourreaux dont nous nous chargeons nous-mêmes avec un si étrange empressement, a de quoi faire réfléchir non plus seulement les penseurs, mais cette force, toute puissante quand elle cesse d'être inconsciente, qui a nom : tout le monde. Singulier idéal que celui de s'entretuer et de faire servir la science aux raffinements de la destruction et du crime ! Et, cependant, nous sommes encore condamnés à des vœux impuissants pour l'avènement, resté chimérique, de la paix universelle ; le Temps, notre grand Maître, fera le reste.

Prenons donc les choses telles qu'elles sont actuellement.

Le besoin de détendre la situation présente est vaguement ressenti par ceux-là mêmes que la guerre semblait avoir le plus favorisés. M. de Bismarck, on s'en souvient, consulté sur l'idée d'un désarmement partiel, ne la repoussa pas en principe, tout en faisant valoir des considérations de nature à *ajourner* la question ; il ajoutait même, et rien n'empêche de croire à sa sincérité, que dans l'avenir la solution, selon lui, se produirait. Sans méconnaître la gravité des objections faites à cette idée, il faut prendre acte de cette manière de voir du chancelier de l'empire allemand, qui, travaillant sans relâche à perfectionner l'organisation militaire de son pays, ne semble pas voir dans la guerre, en tout et pour tout, un moyen et un but. Il sait très bien, comme tout esprit quelque peu sensé d'ailleurs, que la guerre a parfois des caprices, qui, d'un instant à l'autre, bouleversent la face des choses ; quand il nous saura forts, peut-être évitera-t-il d'emboucher la trompette guerrière. La majeure partie du peuple allemand est sans doute, par lassitude, dans les mêmes dispositions à l'égard de la France.

Mais c'est peu de protester de ses aspirations pacifiques. Il faut maintenant que tous ceux qui détiennent le pouvoir, à quelque titre que ce soit, se mettent courageusement à la tâche, sans se laisser rebuter par les difficultés. Nous serions des derniers êtres de l'échelle animale, dépourvus de l'instinct rudimentaire de la conservation, si, ayant pleine conscience du fléau *dont nous sommes les agents*, nous nous contentions de gémir et de nous croiser les bras.

Que faire alors ?

Comme notre gouvernement se fait un devoir, en toutes circonstances, de consulter l'opinion publique, travaillons à établir dans cette opinion publique, un courant d'idées et d'action pour nous acheminer vers une solution dont tout le monde éprouve le besoin. Et comme le gouvernement dont la bonne volonté nous paraît acquise d'avance, est seul à même d'en prendre l'initiative qu'il prête une oreille attentive aux échos de l'opinion.

Avant d'indiquer ce qui nous semble la meilleure marche à suivre, il est nécessaire d'insister sur un point ; un examen approfondi de la question montre qu'il n'y a pas de solution unique, exclusive ; diverses hypothèses peuvent se présenter, certains incidents se produire.

Dans tous les cas, à chaque ligne de conduite correspond un sysptème de précautions et de mesures de sûreté, qui en facilite l'application, en lui ôtant tout caractère aventureux ou chimérique.

Prévenons aussi le lecteur qu'il ne faut point chercher dans les lignes qui vont suivre une sorte de panacée ; notre but est tout autre, et sans la moindre présomption, car il ne suffit pas d'avoir une ou deux bonnes idées pour les faire prévaloir. A l'opinion publique de les féconder.

Le gouvernement français, choisissant son heure, après avoir complété notre système de défense nationale, entamera loyalement, avec le cabinet de Berlin, des négociations en vue d'amener un rapprochement, sans s'engager toutefois jusqu'à conclure une alliance. Par des témoignages non équivoques de dispositions pacifiques et amicales, tout en gardant une sage mesure, il se mettra en rapports plus étroits, de manière à pénétrer exactement la nature de ses intentions. En même temps, la presse officieuse et gouvernementale en France lancera, comme ballons d'essai, des ouvertures indirectes à la presse allemande, pour préconiser ensemble l'idée d'une réduction des armées permanentes. S'il est bien avéré, d'après les indices recueillis surtout par d'habiles missions occultes, que le peuple allemand, rassuré sur nos intentions, ne demande qu'à vivre en paix avec la France, et que les gouvernants de l'Empire cherchent aussi l'apaise-

ment, sans rêver de nouveaux agrandissements territoriaux à nos dépens, on ouvrira des négociations directes,
d'abord pour la réduction des tarifs douaniers, puis
pour le règlement à l'amiable de la question d'Alsace-
Lorraine.

La mise sur le tapis de cette question brûlante ne man-
quera pas de faire froncer le sourcil aux hommes politiques d'outre-Vosges, on ne saurait s'y méprendre ; mais
telle est la force des choses, à laquelle nous ne pouvons
rien. Cependant ce n'est pas là une difficulté insurmon-
table. On offrirait à l'empire d'Allemagne une juste com-
pensation, sorte de rançon nouvelle. Ses finances désorga-
nisées prospèreraient alors, et l'opinion allemande se
prononcerait avec énergie en faveur de cet arrangement
pacifique. En retour de cette solution amiable, l'Allemagne, dans ses démêlés ultérieurs avec la Russie, se sen-
tirait libre de ses mouvements, grâce à notre neutralité
bienveillante. On n'ignore pas à Berlin que la France,
armée comme elle l'est aujourd'hui, reste, pour l'Allemagne, une véritable épée de Damoclès (1).

En 1866, l'Autriche, s'obstinant à garder la Vénétie,
dont la possession lui semblait à jamais garantie par les
forteresses inexpugnables du quadrilatère, n'a pas su
désintéresser à temps l'Italie. La diversion faite par celle-ci
mit l'Autriche à deux doigts de sa perte, en l'obligeant
à restituer ce quadrilatère intact, plus difficile à aborder
par l'armée italienne, que ne le serait peut-être, le cœur
de l'Allemagne pour des armées françaises. Or, ce ne serait pas une simple diversion qu'opéreraient nos armées,
auxquelles il faudrait opposer au moins un million d'hommes, tout en ayant à défendre d'autres frontières. Ces considérations ne sont-elles pas de nature à peser sur les
esprits habitués à juger les choses de sang-froid ?

Il est probable que, au mépris de ses intérêts les plus

----

(1) Des que les Allemands seront délivrés du cauchemar de notre guerre
de revanche, ils pourront, sans affaiblir leurs ressources *défensives*, réduire
à trois cent mille hommes leur effectif permanent, puisque nous en ferons
autant. D'ou une très sensible économie budgétaire.

manifestes, le cabinet de Berlin opposera d'abord une fin de non-recevoir; n'en éprouvons ni dépit ni découragement. Redoublons d'efforts, ne craignons point d'en appeler aux masses, même en Allemagne; elles qui ont tant souffert, elles sont moins fermées qu'on ne pense aux idées de pacification et de travail, et, du jour où elles s'apercevront que Français et Allemands ne sont pas faits pour une mutuelle et incessante destruction, elles opposeront la force d'inertie aux excitations de quelques chauvins, en détresse.

L'indemnité pécuniaire à offrir à l'Allemagne serait débattue entre les deux pays; on pourrait aller jusqu'à deux milliards. Pourquoi vous récrier? Est-ce que nous n'en retirerions pas le plus clair des profits? Ces deux milliards constitueraient une charge annuelle de cent millions de dépenses, en y comprenant l'annuité d'amortissement; mais on doit envisager la possibilité de *rogner sans le moindre inconvénient, au moins deux cents millions* sur le budget de la guerre. Nous le prouverons. Comptez-vous pour rien la disparition, comme par enchantement, de ce point noir qui rembrunit notre horizon, et qui est tout simplement une guerre *d'extermination*, dont rien ne nous garantit l'issue à notre avantage? C'est, en effet, une guerre d'extermination, où *disparaîtra à jamais*, soit la France, soit l'Allemagne, où le vainqueur sera tellement affaibli, qu'il sera voué dès lors à une irrémédiable impuissance. C'est cette guerre insensée qui nous attend fatalement, si nous n'y mettons ordre. Que faut-il donc? un peu d'initiative. Qu'on y pense, et qu'on se le dise.

La politique, comme l'art militaire, doit tout supposer, afin de tenir en réserve des mesures toutes prêtes, suivant les hypothèses qui se réalisent. Si celle que nous venons d'établir, du moins dans ses caractères principaux, n'a d'abord que des résultats négatifs, une telle évolution exigeant peut-être beaucoup de temps et d'efforts, gardons-nous bien de nous croiser encore une fois les bras, dans la béate expectative des Orientaux.

Le gouvernement français, seul et véritable pivot de

cette évolution, évitant de manifester quelque dépit, ne laissera pas se refroidir nos rapports avec Berlin. Beaucoup de tact, surtout. Puis, sans retentissement, on élaborera et on proposera aux Chambres un ensemble de mesures toutes destinées à une mobilisation aussi rapide que possible de notre armée de première et de seconde ligne. Momentanément on s'imposera de nouveaux sacrifices, quelques millions encore pour accroître nos approvisionnements. On prendra ainsi une attitude décidée, mais non provocatrice, de manière à voir se bien dessiner le jeu de nos voisins. La presse, continuant à célébrer sur tous les tons, les bienfaits de la paix, insistera sur la nécessité d'en finir avec les effectifs démesurément accrus, et sur ces entrefaites, en Allemagne, dont le peuple ne se soucie plus de courir indéfiniment les aventures, la situation prendra tournure. Croyez-le. Quand le cabinet de Berlin verra la France debout et en état de tout remettre en question, il s'alarmera quelque peu, et suivant la nature de ses impressions et de ses desseins, de deux choses l'une : Ou il roidira le ressort déjà trop tendu des charges militaires qu'il s'impose, et alors la nation allemande saura d'où viennent les torts, ou bien n'osant risquer son dernier jeu, il se bornera d'abord à demander des explications, qu'on s'empressera de lui fournir en affirmant plus que jamais notre aversion pour une guerre désastreuse pour les deux pays, notre volonté de ne menacer personne.

Ou l'accord s'établira, ou la situation se tendra davantage. Dans le premier cas, le but serait atteint; la France ne désarmera d'abord que d'une manière presque insensible, à charge pour l'Allemagne d'en faire autant.

Si la situation devient grave, les choses pourraient aboutir à la guerre. Pour l'éviter, dès le premier indice sérieux, il faut retourner les rôles et demander nettement des explications à Berlin, faire préciser les griefs ou les craintes existant à notre égard. Si l'on aperçoit un réel danger, recourir sans hésiter à une mesure, qui, sans nous affaiblir d'aucune manière, ne saurait être mal accueillie de l'Europe : faire montre de dispositions paci-

fiques et amicales, en devançant de quelques mois l'envoi
en congé de la première classe libérable, avec une précau-
tion passant inaperçue et que nous indiquerons au chapitre suivant. Quelles que soient alors les intentions de
l'Allemagne, elle s'arrêtera brusquement, car la nation
allemande reconnaîtra jusqu'à l'évidence que nous ne voulons pas l'attaquer.

L'Europe, au besoin, comprenant cette fois tout le
danger de cet empire conquérant, qui voudrait la guerre
quand même, interviendrait, comme en 1875 : de plus, elle
sait bien que l'extermination d'un des deux pays aurait
un contre-coup funeste dans le monde entier.

Il serait bien invraisemblable alors que, dans ces conditions, la guerre dût en résulter. Cependant le vrai, a dit
Boileau, peut quelquefois n'être pas vraisemblable, et
nous devons faire entrer cette guerre étrange dans nos
conjectures. Si elle devient inévitable, l'avantage sera
certainement en notre faveur, même dans le cas où le sort
des armes ne nous seconderait pas : la vitalité de notre
pays épuiserait les forces de nos ennemis, qu'un suprême
effort de notre part anéantirait. Et cela, dans l'hypothèse
la plus défavorable, en mettant les choses au pis. Or,
nous ne sommes plus en 1870, au temps où les soldats de
l'Allemagne, quatre, dix contre un, fortement disciplinés,
ayant pour auxiliaires notre désarroi et nos traîtres,
mirent six mois, non pas à nous vaincre, mais à ramasser
la boue de Sedan.

L'Europe qui, en 1870, redoutait plus la France impé-
riale que l'Allemagne soulevée contre l'agresseur, l'Europe
arrêterait la Prusse conquérante, de même qu'elle nous
arrêterait nous-mêmes si, favorisés par la Fortune, nous
nous faisions conquérants à notre tour.

Les éventualités que nous venons de passer en revue ne
sont pas les seules qui puissent se produire. Nos dangereux voisins ne sont pas exempts de la tentation de s'a-
grandir encore ; il est fort probable que l'habile chancelier
qui tient les fils invisibles d'une diplomatie exception-
nellement entreprenante, nourrit certains projets dont
l'avenir seul dévoilera les secrets. Sur l'Autriche, M. de

Bismarck a des vues plus ou moins lointaines, qu'il dissimule sous le masque de l'amitié; il saura même s'en servir comme d'un instrument docile, jusqu'au jour où il fera de cette alliée ce que l'on fait de l'écorce d'une orange dont on a exprimé le jus. Mais l'effacement de l'Autriche est relégué au second plan; aujourd'hui, l'intérêt de l'Allemagne commande de l'aider à se relever.

Si — mystère à peu près impossible à éclaircir actuellement — M. de Bismarck rêve de nouveaux agrandissements territoriaux, la Belgique — (ou la Hollande, suivant le cas) — est fort en danger d'avoir quelque jour sur les bras une véritable querelle d'Allemand! De la neutralité de ce petit pays, garantie par l'Europe, M. de Bismark ne prendrait pas le moindre souci, dans le cas où cette manière d'agir rentrerait dans l'ensemble de ses vues, ce que nous n'osons affirmer. L'Autriche, dont il appuie si ouvertement les prétentions du côté du Danube, n'y trouverait pas la moindre paille, car elle est aveuglée par une énorme poutre, l'ambition démesurée de s'agrandir.

La Russie protesterait peut-être, pour la forme; l'Italie n'oserait ou ne pourrait en faire davantage; l'Angleterre frémirait, fulminerait, mais isolée, elle n'irait pas plus loin. Resterait la France. Certes, quel que soit notre désir de conserver la paix, quelque besoin que nous ayons de repos et de travail, il nous serait impossible d'hésiter : la guerre, l'horrible guerre nous serait imposée comme une nécessité absolue. A-t-on bien songé, dans les régions gouvernementales, à cette éventualité qui, dans de pareilles conditions, n'a rien d'invraisemblable? Dans quel état se trouverait notre frontière du Nord, que cinq ou six journées de marche, au plus, séparent des murs de Paris? Une seule bataille perdue par nous, soit en Belgique, soit dans une de nos départements limitrophes, amènerait l'ennemi au cœur même de la France, avant que nous ayons eu le temps de nous reconnaître. Si, au contraire, nous avions la victoire, nous éprouverions de sérieuses difficultés dans notre marche en avant. Nos places fortes de la Flandre et de l'Artois sont tout à fait insuffisantes pour arrêter l'invasion, et si grandiose que soit le système défensif de la capitale, il ne l'empêcherait point de se répandre dans toute la France. Encore une fois, envisage-t-on cette éventualité, avec toutes ses conséquences désastreuses ? Sommes-nous prêts sur la frontière belge comme sur la frontière allemande ? Songe-t-on à cimenter entre la Belgique et la Hollande une alliance défensive, dont la France formerait le trait d'union nécessaire ?

Se fier absolument aux garanties de neutralité de la part de l'Europe, c'est-à-dire aux traités de 1815, dont M. de Bismarck n'a que faire, ce serait un impardonnable et dangereux oubli du milieu et des temps où nous sommes. Il faut tout prévoir, même les événements les moins probables.

Pour parer à une agression éventuelle, il y aurait aussi à prendre certaines précautions ; par exemple, il serait bon de tenir en haleine les alliés naturels que nous avons dans la Baltique : le Danemark, soutenu par la Suède et la Norwége, qui savent de quel danger serait pour eux la disparition de la France, écrasée par l'Allemagne conquérante. L'article 5 du traité de Prague, resté lettre morte, serait un puissant motif d'alliance défensive. Ces petits Etats, ainsi que la Belgique et la Hollande, feraient une diversion qui gênerait singulièrement nos ennemis, en nous offrant de solides points d'appui pour une vigoureuse offensive.

L'Autriche interviendrait alors, entraînée à la remorque de la Prusse ; mais aussitôt, si nous savons préparer de longue main notre défense, l'Italie saisirait avec empressement l'occasion de tomber sur les derrières de l'Autriche. La France trouverait le moyen d'appuyer ce mouvement dans le Tyrol, avec une armée de 150,000 hommes. L'Angleterre, malgré son égoïsme, sortirait de son isolement, ne fût-ce que pour faire payer à l'Allemagne le défi qu'elle lui aurait jeté en violant une neutralité placée sous sa garantie.

Avec quelque habileté de la part de la France, l'audacieuse agression de nos ennemis leur coûterait cher. Mais, pour cela, il faut préparer adroitement le terrain, et ne plus s'engager étourdiment dans le prétendu concert

européen. Un peu de tact politique et des bonnes fortifi-
cations, voilà ce que nous demandons. *Caveant con-
sules !*

On le voit, si nous préconisons le désarmement et la
paix, nous ne perdons pas de vue. la sécurité de notre
territoire, l'indépendance nationale.

Que l'on se rassure ; si nous nous conformons en tout
à là ligne de conduite dont nous exposons les points principaux, la seule qui convienne à l'état de la France, là
guerre n'aura pas lieu. L'Alsace-Lorraine nous reviendra
sans coup férir ; ou, si la France est obligée de tirer l'épée,
ce sera pour la dernière fois, car la paix deviendrait un
besoin tellement impérieux pour les peuples, après cette
nouvelle et terrible épreuve, que ni rois, ni empereurs,
débordés de toutes parts, ne sauraient s'y opposer. Mais
nous n'avons que faire des loquaces propos de gens qui
sèment la discorde et les haines implacables ; si la fatalité
nous oblige à défendre le sol sacré de la patrie, nous
ferons simplement et modestement notre devoir. Jusque-
là, nous devons tous, tant que nous sommes, travailler à
une paix honorable, ne plus nous payer de mots vides de
sens et laisser aux rhéteurs les amplifications sonores qui
troublent la bonne harmonie des peuples. Un peu de
sagesse et de dignité ; ni attitudes sottement provocantes,
ni coupables faiblesses.

Concurremment avec les démarches et les négociations
auprès de la chancellerie allemande, il y a à poursuivre
tout un programme d'un autre ordre, qui. avec le temps,
fera, de la France, la reine des nations, si certains étour-
neaux politiques ne la font pas dévier.

Le développement de ce programme donnera lieu à des
séries ultérieures de publication, formant la suite de
celle-ci, rédigées en vue de l'idée première du désarmement progressif. En voici les titres :

*Modifications à opérer dans l'organisation militaire
de la France, sur la base d'une réduction de l'effectif
permanent. — Union douanière occidentale. — Fedéra-
tion militaire occidentale. — L'Algérie. — Panslavisme,
pangermanisme et panlatinisme. — L'équilibre européen*

*au vingtième siècle.—Évolution et Révolution; les trans-
formations sociales.*

Ces titres forment autant de subdivisions de l'ensemble
de vues dont nous commençons aujourd'hui le premier
exposé. De cet ordre d'idées résulteront les moyens pra-
tiques de transformer en réalité, en fait accompli, notre
soi-disant utopie de la pacification européenne.

Paris — Impr. Nouv. (assoc. ouvr.), 14, rue des Jeûneurs. — G. Masquin, direct,

www.ingramcontent.com/pod-product-compliance
Lightning Source LLC
LaVergne TN
LVHW010347030726
842520LV00004B/1611